LE ROBESPIERRE DE HAMBOURG DÉMASQUÉ.

LE

ROBESPIERRE

DE HAMBOURG

DÉMASQUÉ.

RÉPONSE

A UNE BROCHURE INTITULÉE :

HAMBOURG

ET LE MARÉCHAL DAVOUST.

PAR UN ANCIEN FONCTIONNAIRE FRANÇAIS.

PARIS,

LE NORMANT, IMPRIMEUR-LIBRAIRE.

1814.

LE

ROBESPIERRE

DE

HAMBOURG.

L'on dit tant de mal de cet homme, et j'en vois si peu, que je commence à soupçonner en lui un mérite importun, qui éclipse celui des autres, disoit, ces jours derniers, un officier supérieur, dont le dehors annonçoit un brave, blanchi honorablement dans la carrière des armes. Je m'approche, et je lui vois remettre sur la boutique d'un marchand de nouveautés un de ces écrits dont Paris fourmille depuis quelques semaines. Les paroles de ce militaire, prononcées avec la chaleur de l'indignation, excitent ma curiosité. Je m'empare de la même brochure; le titre, *Hambourg et le maréchal Davoust*, frappe mes yeux. Ce titre, et la qualité d'étranger de l'auteur, (*De Haupt, ancien officier anglais*) joints à la grande quantité de fausses nouvelles sur Hambourg, qui ont été débitées depuis peu de temps par les journaux de Paris, font naître mes soupçons. Je fais l'acquisition de cet ouvrage, et je cours m'enfermer dans mon cabinet, pour le méditer à mon aise....

Qu'ai-je lu?.... Une série des plus affreuses délations, ou des plus coupables erreurs!..... Comment peut-on accuser un maréchal de France, un gouverneur général, des fautes que d'autres, que des subalternes ont commises?....

Eh quoi! le brave qui sacrifia son bien-être et celui de son intéressante famille, celui qui, tant de fois, exposa ses jours pour le service de son pays!... lui, dont le dévouement, aussi pur que désintéressé, pour l'ancien gouvernement, doit être la garantie la plus incontestablement sûre d'un attachement inviolable, plein de zèle et de fidélité pour son prince légitime, que le vœu de l'unanimité des Français vient d'appeler au trône de saint Louis!... quoi! celui qui, par ses hautes, ses éminentes qualités, et par ses nombreux exploits, est monté au rang qu'il a illustré!.... le prince d'Eckmuhl, enfin, n'est pas à l'abri des traits envenimés de l'odieuse médisance !.... Et l'on ose puiser dans l'exactitude même qu'il a mise à remplir ses pénibles devoirs, une partie des griefs dont on veut entacher aujourd'hui sa carrière honorable !....

Mais, grâces au ciel, ce n'est point un Français qui est devenu son calomniateur !.... Un étranger seul a pu puiser dans le labyrinthe de l'erreur des faits controuvés, et des récits dénaturés par la médisance, l'inimitié, l'envie, ou par une ingratitude des plus inouïes !....

Témoin oculaire de tout ce qui s'est passé à Hambourg, pendant la durée du gouvernement de M. le maréchal Davoust, je dois à la vérité et à l'honneur français de relever les erreurs dans lesquelles se trouve cet étranger, auteur de la brochure dont il s'agit, et dans laquelle il plonge le public.

Les souffrances et les pertes dont la ville anséatique de Hambourg, jadis si florissante, fut frappée, sont incalculables. Passer, avec une rapidité inouïe, de l'état de la plus riche opulence à celui d'une ruine totale, voilà, en peu de mots, quel a été le sort du malheureux Hambourg. Un commerce actif, dont les branches s'étendoient sur l'entière surface du globe, avoit procuré à toutes les classes de ses habitans une aisance qui touchoit au superflu; mais, par une suite naturelle de la trop grande facilité avec laquelle les Hambourgeois acquéroient des richesses, ils étoient devenus d'une prodigalité sans bornes, et leur penchant à la dépense, qui ne connut point de frein, épuisa leurs ressources et précipita leur ruine, dès que l'unique branche d'industrie qu'ils avoient adoptée, éprouva des gênes, et même une entière stagnation, par le système continental.

Hambourg touchoit à cette extrémité, lorsqu'un sénatus-consulte ordonna, le 18 décembre 1810, la réunion des départemens anséatiques à l'Empire Français. La commission de gouvernement qui fut établie pour l'organisation de ce pays, et à la tête de laquelle étoit le maréchal prince d'Eckmuhl, commença dès-lors ses opérations.

L'intérêt du gouvernement, et même la sûreté des habitans et des propriétés, commandoient impérieusement la création d'une police active et vigilante, dont jusqu'alors Hambourg n'avoit aucune idée (1). Malheureusement on

---

(1) L'ancienne police de Hambourg, loin de répondre au but de son institution, avoit évidemment des rapports avec des

nomma chef de cette administration naissante un individu qui, n'ayant pas la moindre connoissance en législation, commit des vexations et des actes arbitraires, qu'en vain, pour se disculper, il a cherché depuis à mettre sur le compte d'autres personnes, et notamment sur celui de ses subordonnés. Le sieur Brun d'Aubignosc, le même qui s'étoit déjà rendu fameux à Toulon, et qui avoit été incarcéré, comme un aventurier suspect, dans les prisons des Sept-Tours (il voyageoit alors en Turquie, et se faisoit passer pour un proche parent de Buonaparte), sut, par ses intrigues et par un dehors doux et affable, surprendre la religion de la commission du gouvernement, et il fut nommé par elle commissaire général de police. C'est principalement de la gestion de cet individu que dérivent les outrages et les illégalités multipliés dont les Hambourgeois ont été les victimes.

A peine se vit-il à la tête de l'administration

---

vagabonds, et même avec des filoux. En promettant une récompense à un agent de cette police, on étoit sûr de retrouver, par ses soins, les objets qui avoient été volés. Cependant les auteurs de ces vols restoient toujours ignorés, et échappoient à la juste punition qu'ils avoient encourue.

de la police, qu'il s'associa le trop fameux Courlaender, et un essaim d'êtres semblables, qui, pris dans la lie du peuple, devinrent les délateurs les plus méprisables. Pères, mères, frères, sœurs, enfans, amis, tout fut dénoncé et vendu par la cupidité de ces espions d'une espèce aussi horrible que nouvelle.

Mais c'étoient bien là les suppôts qui convenoient aux projets formés par l'égoïsme de d'Aubignosc; guidé par l'intérêt le plus sordide, il vouloit s'enrichir par des saisies.

Un tapissier, nommé Louis Gay, sur la proposition qu'il lui fit, de décéler à la police un grand nombre de cachettes qu'il avoit été chargé de faire derrière les tapisseries de différens négocians, obtint la place de commissaire de police, et déshonora ces fonctions, en trahissant la confiance que naguères on lui avoit accordée comme tapissier. Cet individu, qui ne savoit ni lire ni écrire, captiva tellement les bonnes grâces du sieur d'Aubignosc, que malgré les plaintes réitérées que firent naître les vexations sans nombre, les arrestations arbitraires, les saisies illégales, et même les vols qu'il osa commettre dans l'exercice de ses fonctions, il fut constamment protégé et soutenu par ce chef.

Parmi le grand nombre d'excès que Gay a commis, je ne citerai que quelques faits pour prouver jusqu'à quel point d'Aubignosc et lui se rendirent coupables. Non content de faire une guerre implacable à la fraude et aux autres relations prohibées, Gay, encouragé de plus en plus par les louanges que son digne chef lui prodiguoit sur le nombre de ses saisies, et ne trouvant plus assez de marchandises anglaises, commença à faire main-basse indistinctement sur tous les objets manufacturés, quelle que fût leur origine. Ce n'étoit plus une rigoureuse mais juste répression de la fraude ; ses poursuites étoient devenues un système de pillage manifeste. Un jour, entre autres, Gay conçut la malheureuse idée de faire une descente chez tous les fripiers ; applaudi comme à l'ordinaire dans ce projet, par le sieur d'Aubignosc, il fut autorisé à prendre à la fois tous les valets de police attachés au commissariat-général, pour le seconder dans cette entreprise. Successivement il se rendit, avec cette escorte, chez les fripiers de Hambourg, mit sous le scellé tout ce qu'il y trouva d'objets d'habillement, et établit chez chacun d'eux un valet de police, comme gardien. Cette opération préparatoire étant terminée, il fit des visites domiciliaires dans toutes les maisons où il avoit procédé à l'apposition des scellés, et se permit, chose inouie jusqu'alors, de confisquer les habits, vestes, pantalons et autres effets confectionnés qu'il y trouva, sous le prétexte que les draps ou étoffes qui y avoient été employés provenoient des manufactures étrangères. M. d'Aubignosc, qui voyoit avec joie s'accroître des saisies dont il se promettoit au moins une part distinguée, loua *le zèle* que Gay avoit déployé à cette occasion, et le cita aux autres commissaires comme un modèle précieux. Cependant, on a remarqué avec plaisir, qu'aucun d'eux n'a trempé ses mains dans une saisie aussi abominable.

Gay ayant été chargé d'une mission qui avoit pour objet de réprimer la contrebande à Brême, cette ville fut aussi le théâtre des opérations vexatoires et des arrestations arbitraires de cet agent de police. Aucune des marchandises qu'il a prises, par suite des visites domiciliaires faites dans cette ville, ne fut reconnue par les experts, pour être d'origine anglaise. Malgré cette reconnoissance légale, Gay se permit d'en garder une certaine quantité, et prétendit que les marchands saisis devoient être satisfaits de ce qu'il leur rendoit la plus grande partie de leurs marchandises, attendu qu'*il lui en falloit bien aussi pour couvrir les frais de son déplacement !* ....

Toutes les expéditions dont Gay a été chargé, et généralement tous les actes de son ministère, ont été signalés par les abus d'autorité les plus répréhensibles. Procédoit-il à un interrogatoire, ou dressoit-il un procès-verbal quelconque, alors il contraignoit celui qui en étoit l'objet de signer les absurdités, et très-souvent les assertions mensongères qu'il avoit insérées, soit en le maltraitant, soit en le menaçant de le jeter dans un cachot!..... Plusieurs fois le fait suivit même cette révoltante menace. Alors l'individu étoit conduit dans la prison la plus affreuse qui existât dans la ville (la Roggenkiste). Là, sans égard pour la qualité ni pour l'âge, le lieu le plus humide et le plus malsain devenoit sa demeure, et pour toute nourriture il ne recevoit qu'un pain grossier et une eau fétide, jusqu'à ce qu'on l'eût contraint, par cette espèce de torture, ou à avouer ce qu'on vouloit savoir de lui, ou à signer la pièce souvent fausse, je le répète, à laquelle il avoit refusé d'abord de joindre son nom.

Mais la conduite scandaleuse de ce ministre des volontés du sieur d'Aubignosc, ne se borna point à ces excès déjà trop coupables ; il y mit le comble en se permettant, lors de ses visites domiciliaires, de soustraire à son profit, les objets qui lui convenoient le mieux !.... Ces vols furent si souvent répétés, qu'un jour le commissaire de police Kolthoff reçut la dénonciation qu'il existoit un dépôt considérable de denrées coloniales et de marchandises anglaises dans la demeure de Gay ; mais il n'osa donner aucune suite à cette indication, dans la crainte d'encourir la disgrâce de M. d'Aubignosc, dont il savoit que Gay étoit aveuglément protégé.

Je dois citer ici comme une des principales saisies où Gay et ses agens (1) ont commis des infidélités, celle faite chez M. Dellevie, de Hambourg ; non-seulement ce vieillard a été pillé, mais il a même été frappé par ce commissaire de police.

M. Leroux, alors secrétaire-général du comité d'expertise, osa élever la voix contre cet excès révoltant. Il adressa plusieurs pétitions à M. d'Au-

(1) Les nommés Jungesbluth et Scharff. Ces deux individus étoient marqués au coin de l'indignation publique. Le premier avoit subi un emprisonnement correctionnel auquel il a été condamné pour vol par l'ancienne justice de Hambourg. Scharff est encore possesseur d'un billet de cinquante louis, que Gay lui a fait, pour sa part à une des spoliations qu'ils ont commises de concert.

bignosc, par lesquelles il lui peignoit avec l'éloquence qu'inspire une juste indignation, l'opprobre dont les atrocités de Gay couvroient l'administration de la police. Mais sa démarche fut vaine, il n'obtint pas même de réponse. Le dépit qu'il conçut de cette injustice, lui fit donner sa démission, et l'engagea à quitter Hambourg.

Plusieurs avocats et hommes de loi s'adressèrent également à M. d'Aubignosc dans l'espoir d'en obtenir justice, contre les outrages que son protégé se permettoit envers leurs cliens, mais leurs plaintes furent aussi inutiles que celles de l'honnête Leroux. L'un d'eux, M. Deschamps, qni avoit réitéré ses pétitions dans une cause des plus justes, reçut l'invitation de se rendre chez M. d'Aubignosc, lequel l'accabla de reproches les plus vifs, et lui intima l'ordre de cesser ses dénonciations.

Lors de la nomination définitive des commissaires de police, Gay ne fut pas conservé, probablement par suite des plaintes innombrables qui se sont élevées contre sa coupable gestion, et dont, malgré les efforts de M. d'Aubignosc, une partie aura sans doute pénétré jusqu'au ministère de la police générale. Mais ce chef imagina un moyen de dédommager Gay de la perte de sa place, et de le soustraire à la justice du duc de Rovigo, en le nommant inspecteur principal de police, et en créant ainsi une fonction qui n'existe point dans la loi.

La lettre ci-jointe, que M. d'Aubignosc écrivit aux commissaires de police, en leur envoyant leur nomination définitive; mérite d'occuper une place ici ; elle prouve les sentimens dont ce chef, devenu directeur-général de police, étoit pénétré.

Hambourg, le 9 février 1812.

N°. 6938.

« J'ai l'honneur de vous adresser ci-joint, » Monsieur, d'ordre de S. A. le prince gouver- » neur-général, un extrait du décret de S. M. » l'Empereur et Roi, en date du 23 janvier 1812, » qui vous nomme commissaire de police dans » la ville de Hambourg.

» Cette disposition, qui fixe votre sort et » vous classe dans le rang constitutionnel assi- » gné aux fonctions que vous allez remplir, » vous impose de grandes obligations.

» Vous avez pu, dans votre service provi- » soire, en apprécier toute l'étendue. L'expé- » rience et le zèle qui vous a fait distinguer, » sont des garans de ce que vous pouvez;

» c'est à vous de justifier ce que le gouver-
» nement est en droit d'attendre de vous.

» Un dévouement absolu à Sa Majesté et à
» sa dynastie, une attention constante à recher-
» cher, découvrir et signaler tout ce qui se
» trameroit contre de si hauts intérêts; une
» abnégation abolue de soi-même dans la pour-
» suite de tous les délits politiques, *et notam-
» ment de la fraude et des relations prohibées.*
» Tels sont les principaux points qui vous sont
» recommandés.

» Remplissez-les avec zèle, et vous justifie-
» rez la confiance dont vous êtes honoré, en
» même temps que vous me mettrez à portée
» de faire valoir vos efforts et ressortir vos
» succès.

» *Le directeur général.* Signé D'AUBIGNOSC. »

Et notamment de la fraude et des relations prohibées !...... Voilà bien à quoi M. d'Aubignosc vouloit en venir; voilà *notamment* ce qu'il ne cessoit de recommander à ses subordonnés, parce qu'il convoitoit *une part de directeur* dans chaque prise. Pourvu qu'il y ait eu des confiscations de constatées, et que son nom ait été inséré dans le procès-verbal de saisie, peu lui importoit si on y avoit procédé légalement ou non ; il attachoit plus de prix et plus d'intérêt à l'accroissement de leur nombre, qu'à l'importun détail de sauver l'honneur de son administration par un juste et impartial examen des circonstances qui avoient accompagné chaque saisie, examen qui eût forcé à des restitutions plus importunes encore !...

Cette conduite abominable, et les vues intéressées du sieur d'Aubignosc, ne pouvoient parvenir à la connoissance du prince. D'Aubignosc qui, journellement, lui faisoit des rapports sur ce qui se passoit, sut présenter sous une forme légale, jusqu'à l'arbitraire auquel il avoit fait procéder. Flatteur consommé, il affecta le désintéressement le plus pur, persuadé que c'étoit l'unique moyen de mériter la confiance du prince, et il sut écarter, ou rendre suspectes, toutes les personnes qui auroient eu assez de courage pour lui dévoiler la vérité (1).

D'Aubignosc joua ce rôle hypocrite jusqu'au

---

(1) Du nombre de ces personnes étoit le commissaire de police Karr. Malgré les ordres du maréchal, il ne put l'aborder, parce que le sieur d'Aubignosc, redoutant apparemment les suites d'un semblable entretien, éloigna ce commissaire de Hambourg, par des missions extraordinaires, et ne lui com-

5 mars 1812, jour du départ du maréchal Davoust pour l'armée. Alors, sa cupidité ne connut plus de frein, et elle se montra dans toute son étendue. Ce n'est qu'à cette époque que les commissaires de police qui avoient fait des saisies légales, comprirent les motifs qui avoient engagé leur chef à faire retarder le paiement ordonné par le maréchal, des répartitions qui leur étoient dues. Le sieur d'Aubignosc leur notifia lui-même son intention de faire *le partage du lion*, ou de s'approprier au moins la moitié de ce qui revenoit à chaque saisissant; et, en effet, il sut obliger ceux-ci à signer des quittances en blanc, dont il abusa. La douane, avec laquelle il s'entendit, lui paya de forts à-comptes sur ces sommes, et il les garda pour lui. Dès ce moment, le sieur d'Aubignosc crut pouvoir en imposer par un luxe à la fois désordonné et insultant. L'attelage modeste de sa voiture fut remplacé par quatre superbes coursiers. Des fêtes brillantes où régnoient la prodigalité et la profusion,

---

muniqua ces ordres qu'après le départ du maréchal. Ce fonctionnaire, et l'estimable commissaire central Augier Lasauzaie, ayant constamment été en opposition avec les vues du sieur d'Aubignosc, devinrent, par la suite, l'objet des persécutions les plus injustes de ce dernier.

furent données de sa campagne, sur le produit des sommes qu'il ravissoit à ses subordonnés. En un mot, son orgueil s'enfla avec sa bourse; il voulut avoir les hommes du premier rang parmi les autorités de Hambourg, et il n'assista à aucune des fêtes publiques, parce qu'à l'église, le préfet lui destinoit toujours une place inférieure à celle que choisissoit son ambition........

Il seroit ridicule, et même absurde, de faire un reproche au maréchal Davoust de ce qu'il a fait faire des saisies de marchandises prohibées, à Hambourg, où la contrebande avoit pris un caractère qui en insultoit à l'autorité française, et qui ne tendoit, comme l'observe fort bien le sieur de Haupt, qu'à démoraliser entièrement le peuple. En les ordonnant, ces saisies, il a satisfait aux obligations que les lois de son gouvernement lui imposoient alors. Jamais il n'a pu connoître les vexations qui les ont accompagnées en plus grande partie, et qui seules sont condamnables. D'ailleurs, il devoit être dans une parfaite sécurité à cet égard; un conseil des prises, et par la suite des tribunaux, étoient là pour prononcer sur leur validité, après avoir entendu contradictoirement le saisissant et la partie saisie. C'étoit uniquement à ces juges qu'il appartenoit de réprimer l'arbitraire, commis toujours d'après les ordres de d'Aubignosc, et d'avoir égard, *s'il y avoit lieu*, au paiement des quinze millions, fait en 1806, par le commerce de Hambourg, pour rachat des marchandises anglaises.

Si le système qui a succédé, avec la commission du gouvernement, à l'administration plus douce de M. de Bourrienne, a formé un contraste sensible, ce n'est point à cette commission, et encore moins au maréchal Davoust, qui n'en étoit que le premier membre, qu'on doit en attribuer la faute. L'ancien ministre avoit la faculté d'adoucir la rigueur des lois françaises dans un pays qui étoit encore étranger à la France, tandis que la commission et le gouverneur-général étoient réduits à les faire promulguer et exécuter dans toute leur teneur, et sans aucune restriction. Jamais le prince d'Eckmuhl n'est entré, ni a pu entrer, dans le détail des interrogatoires qu'ont dû subir les personnes de la connoissance de M. de Bourrienne, qui ont été arrêtées par la haute police. Les menaces et les mauvais traitemens qu'on s'est permis envers ces personnes, ne sont dus qu'à d'Aubignosc, lui-même, et à ses ordres.

Il en est de même des personnalités dont on doit avoir fait jouer les ressorts dans cette affaire; elles proviennent de la même source. La conduite que M. d'Aubignosc tint postérieurement vis-à-vis de M. de Bourrienne, justifie pleinement cette assertion. Le sentiment de ses actions lui faisoit craindre alors d'être remplacé par l'ancien ministre, et il le dénigra de la manière la plus atroce !.....

Malgré le grand nombre de victimes que le sieur de Haupt prétend avoir été immolées par le maréchal Davoust, et être péries dans les cachots, il ne cite que l'exemple du sieur Baumhauer. Cette réserve, suspecte par elle-même, ne s'accorde nullement avec l'esprit qui règne dans tout l'ouvrage, et elle prouve jusqu'à l'évidence que, malgré les phrases recherchées qui servent de préambule à cet *exemple unique*, il n'y en avoit plus à citer.

Encore le récit n'est-il pas fait avec fidélité, car le sieur Baumhauer n'est point mort des suites de son incarcération.

Voici le fait :

L'usage immodéré de fortes boissons, auquel Baumhauer avoit coutume de se livrer, avoit entièrement détruit sa santé, lorsque, par suite de ce même vice, il se permit dans un lieu public (1), et en présence de l'espion Courlaender, des propos inconséquens contre le gouvernement français et contre la haute police. D'Aubignosc instruit aussitôt, fit arrêter Baumhauer. On trouva, parmi ses papiers, des caricatures et des épigrammes contre le gouvernement, et de plus une correspondance coupable avec un officier d'une puissance ennemie. Le conseil spécial, qui étoit alors à Hambourg, et non le maréchal Davoust, ordonna que ce particulier fût conduit à Magdebourg. Au bout de six semaines de détention, Baumhauer fut remis en liberté; mais, au lieu de revenir au sein de la famille, il passa quelques semaines à Magdebourg, se livrant derechef à son penchant pour la boisson, et ces nouveaux excès lui donnèrent la maladie qui a terminé ses jours.

L'histoire des capitaines de vaisseau brémois Krumme, Hartz, Otte, Kindt et Geyer, est également dénaturée. Ces individus avoient été surpris, à l'embouchure du Weser, venant de communiquer avec l'ennemi, faisant la contrebande à main armée, et s'étant défendus contre la chaloupe qui les avoit abordés. Les lois

---

(1) L'Auberge de l'Aigle-Noir.

françaises prononçoient la peine capitale pour chacun de ces trois crimes. Tout Hambourg s'attendoit à l'application de cette peine, et même l'on désignoit déjà le jour où les capitaines seroient fusillés. Mais les épouses de ces infortunés arrivent; elles implorent la clémence du maréchal Davoust, qui ne peut voir couler leurs larmes sans le plus vif attendrissement. Cependant, que peut-il faire lorsque les lois ont prononcé ?..... Sa bonté lui suggère un moyen, qui lui donne l'espoir de sauver ces pères de famille. Une commission spéciale, créée à Ritzebuttel, est chargée d'instruire de nouveau l'affaire des capitaines brémois; et, pendant ce temps, le maréchal fait de vives représentations au gouvernement, et en obtient que les crimes de contrebande commis avant le 20 août 1811, ne seroient punis, quelles que soient les circonstances aggravantes qui les auroient accompagnés, que par voie de police correctionnelle. Cette décision seule sauva la vie des capitaines. Sans elle, ni la commission spéciale, ni la cour prévôtale, qui fut saisie en dernier lieu de cette affaire, n'auroient pu changer la moindre chose au vœu de la loi. Je ne parlerai pas des prétendus ordres que le maréchal doit avoir donnés à la commission spéciale de Ritzebuttel ; il suffit d'avoir la moindre idée de la législation française, qui met le sanctuaire de la justice à l'abri de toute influence quelconque, pour être persuadé de l'impossibilité de ce fait.

Le maréchal Davoust n'a point prononcé dans l'affaire de Schroeder ; mais il a fait un acte de justice en destituant le nommé Verteuil, inspecteur-général de la police, qui avoit commis des irrégularités lors de l'arrestation de ce négociant, et qui en outre étoit soupçonné d'avoir une part indirecte dans la fameuse escroquerie qui a été commise à cette occasion.... Escroquerie dans laquelle figuroient plusieurs bijoux de prix, et entre autres un peigne enrichi de diamans, *sur la destination duquel il a couru certains bruits*, qu'on a eu soin d'étouffer dès leur naissance.....

Cette juste punition d'un des principaux personnages attachés à la police de Hambourg, prouve ce que le maréchal auroit fait, s'il eût pu se douter de la conduite de d'Aubignosc.

Schroeder étoit prévenu d'avoir approvisionné les flottes ennemies ; et, par ordre du gouvernement, il a été conduit à Paris.

L'affaire de Buchholz, et celle des sieurs Schulte et Schemann, sont également étrangères au maréchal Davoust ; toutes deux sont relatives à la contrebande, et elles ont été jugées long-temps après le départ du prince. Le sieur d'Aubignosc, et le trop fameux Gay, ont plus que jamais manifesté l'esprit qui les animoit à l'occasion de cette dernière affaire. D'Aubignosc, instruit par ses indicateurs (c'est ainsi qu'il nommoit Courlaender et consorts), qu'une grande partie de soies écrues, destinées pour l'Angleterre, avoit été envoyée à Hambourg, à l'époque même où les lois françaises, qui défendoient l'exportation de cette marchandise, furent proclamées, ordonna à Gay d'en faire la recherche et la saisie chez les sieurs Schulte et Schemann. Ces négocians, faute d'avoir satisfait aux lois, en ne faisant point partir les soies dont l'expédition leur avoit été confiée, prouvent, mais inutilement, qu'ils ne sont point en contravention, le dépôt est saisi dans leurs magasins ; et, *pour sûreté de l'amende du triple de la valeur*, Gay appose les scellés sur toutes les caisses et coffres. Sans attendre le jugement qui devoit confirmer ou annuler cette saisie arbitraire, d'Aubignosc se hâte de faire vendre les soies, après en avoir provoqué et obtenu l'autorisation du conseil spécial ; et, dans la crainte qu'il ne soit formé une opposition à cette vente, le banquier Dehn, d'Altona, chargé *ad hoc*, fut arrêté, d'après les ordres de d'Aubignosc, par l'agent de police Berner, et détenu jusqu'à ce qu'elle fût consommée. Cependant, cette affaire étoit trop importante pour en rester là. Le vice-roi d'Italie lui-même appuya, auprès du gouvernement français, les justes réclamations des propriétaires lésés. La saisie est annulée, et d'Aubignosc reçoit, du ministre de la police générale, l'ordre de faire restituer tous les objets qui en dépendent. Mais, au lieu de satisfaire sur-le-champ à cet ordre suprême, d'Aubignosc ne goûtant pas une restitution qui alloit lui ravir la forte part qu'il s'étoit promise de cette saisie, assura à qui voulut l'entendre que la chose n'en resteroit pas là, et que l'empereur maintiendroit la saisie. Il osa même réclamer contre la décision du ministre; et ce n'est qu'après un second ordre, plus positif, que les sieurs Schulte et Schemann obtinrent enfin la levée des scellés apposés chez eux.

L'issue de cette affaire démontra aux habitans de Hambourg que l'on n'approuvoit pas la conduite du sieur d'Aubignosc, à Paris : dès-lors plusieurs plaintes furent adressées contre lui au ministère de la police ; elles produisirent l'effet qu'on devoit attendre des nobles sentimens et des hautes qualités du duc de Rovigo. D'Aubignosc annonça à ses subordonnés qu'il avoit reçu des ordres du ministre , d'après lesquels la police de Hambourg ne pouvoit plus faire *autant* de saisies ; et , en se permettant de murmurer contre cette décision , il assura que son effet n'auroit qu'une courte durée ; mais ce n'étoit pas tout, la justice du respectable ministre , en ordonnant un terme à la conduite arbitraire de d'Aubignosc, voulut en outre qu'il se justifiât des plaintes portées contre les abus d'autorité et les vexations qu'il avoit commis jusqu'alors. L'impossibilité d'une semblable justification plongea d'Aubignosc dans une inquiétude et dans un trouble qui n'échappèrent à personne. Il eut recours à un stratagême affreux, mais bien digne de lui, celui de chercher à se laver, en rejetant les torts qu'il avoit sur quelques-uns de ses subordonnés. Mais il ne parvint pas à son but : il fut mandé à Paris. En partant de Hambourg, il eut soin de donner un passeport à l'ignoble Gay, afin que son protégé , qui , depuis quelques mois, s'étoit réfugié en Danemarck , de peur d'être arrêté, pût s'évader, dans le cas où le ministère public feroit des poursuites plus sérieuses contre lui.

Les Hambourgeois se crurent débarrassés à jamais de d'Aubignosc, qu'ils ne nommoient plus que le *Robespierre de Hambourg* (1). Leur joie fut extrême, et ils bénirent le digne ministre qui étoit devenu leur libérateur; mais cette allégresse fut de courte durée. Napoléon, revenu de Moscou à Paris, reçut le serment de d'Aubignosc, et le renvoya à Hambourg......

D'Aubignosc, qui haïssoit déjà les habitans de Hambourg, devint leur ennemi le plus implacable, dès qu'il sut qu'il y avoit parmi eux des individus assez hardis pour oser dénoncer ses actions, et renverser ainsi les projets formés par son égoïsme. Revenu à Hambourg, il menaça de se venger: j'ignore s'il a tenu parole......

La terrible catastrophe de l'émeute populaire du 24 février 1813, eut lieu peu de semaines après le retour de d'Aubignosc:

---

(1) De nombreuses et révoltantes atteintes à la liberté individuelle lui ont valu ce nom!.... Ces atteintes qui, surtout lorsque Gay étoit chargé de leur exécution, retraçoient à Hambourg le gouvernement abhorré du terrorisme, sont la source principale de la haine que les Hambourgeois conçurent contre les Français. Quelle leçon pour un gouvernement!.... combien il doit être circonspect dans le choix de ses instrumens!....

cette émeute, que le bruit de l'approche des Russes a fait naître, a été occasionnée principalement par le mécontentement des Hambourgeois, poussé à son comble par les excès des agens de police, les vexations multipliées des préposés des douanes, et surtout par l'exécution de deux pères de famille condamnés à mort, pour contrebande, par la cour prévôtale. Cette émeute eût été apaisée facilement, s'il y eût eu à Hambourg un magistrat assez courageux pour se montrer au public, et le rappeler à l'ordre et à la tranquillité, par une éloquente persuasion ; mais, au lieu de chercher les moyens de faire cesser le mal dès le principe, la majeure partie des premiers fonctionnaires, saisie d'une terreur panique, ne songea qu'à sauver ses effets et ses richesses. En un instant les rues furent encombrées de coffres et de ballots, que l'on transportoit, en toute hâte, sur les bords de l'Elbe, pour les faire embarquer. La populace ameutée, d'abord peu nombreuse, se jeta sur quelques-uns de ces coffres : elle y trouva de quoi piller ; cela l'encouragea, et son nombre s'accrut insensiblement.

Le sieur d'Aubignosc se distingua particulièrement par le soin qu'il prit de se cacher et de sauver ses effets. Le commissaire de police Nohr devint la victime de son dévouement aveugle aux ordres de ce chef : chargé par lui, de même que les autres commissaires, d'arrêter le premier individu dont il pourroit se saisir, afin de donner un exemple en le faisant fusiller (1), Nohr éprouva tous les effets de la brutalité d'une populace effrénée : après avoir été mis en sang par une grêle de coups, il parvint à se soustraire à la fureur du peuple, en se sauvant chez lui ; mais son asile fut bientôt découvert, et la populace se porta en foule à sa maison, en faisant retentir les airs de leurs sinistres *hourrahs*. Le malheureux Nohr, prévenu à temps, sauve encore une fois sa vie, en gagnant, avec sa femme et ses enfans, le haut de la maison, et en passant par le toit dans celle d'un de ses voisins. Il étoit à peine dans ce nouvel asile, que déjà ses agresseurs avoient pénétré dans l'intérieur de sa demeure.

---

(1) Un jeune homme nommé Kupffer, qui avoit été jusques alors commis-greffier au tribunal de première instance, fut arrêté d'après cet ordre. On trouva sur lui une lettre insignifiante de son frère, écrite en idiome russe. Kupffer fut conduit de suite par un détachement hors la porte dite Steinthor. Le malheureux et innocent jeune homme ignoroit qu'il alloit à la mort : arrivé devant cette porte, son escorte, sans autre formalité, le pousse devant elle, et tire sur lui ! ! !....

Ne le trouvant pas, ils brisèrent tous les meubles, pillèrent ce qu'ils purent enlever, et finirent par démolir la maison.

Cette journée coûta la vie à un grand nombre de personnes, toutes innocentes, qui furent massacrées de la manière la plus cruelle par la populace.

Je me tais sur l'opinion émise par le sieur de Haupt, qui prétend que, *par cette révolte, le noble caractère des Hambourgeois se déploya avec un éclat qui les montra dignes de leurs illustres ancêtres, et de la plus brillante époque de l'histoire des Villes anséatiques.* Tout le monde ne partage assurément pas cette opinion, et l'on avouera qu'il eût été plus conforme *aux devoirs de sujets*, plus louable, et surtout plus prudent de la part des Hambourgeois, d'attendre avec soumission que les événemens qui alloient se succéder, vinssent les délivrer du joug oppresseur qui avoit anéanti leur commerce, et hâté leur ruine..... La classe la plus sensée des habitans de cette malheureuse cité fut bientôt détrompée, en acquérant la certitude qu'un peuple révolté ne connoît plus de frein dans ses excès, et qu'il finit toujours par sacrifier à sa fureur l'innocent comme le coupable.

Des menaces d'un pillage général, proférées par les séditieux, faisoient redouter la nuit qui alloit succéder à cette scène d'horreurs, lorsqu'un détachement de hussards danois, demandé aux autorités d'Altona, parvint à rétablir le calme, et à maintenir la populace, en faisant de fréquentes patrouilles dans la ville. On forma à la hâte une garde bourgeoise, qui dès lors fit le service conjointement avec les hussards danois; des canons furent braqués sur toutes les places, et la nuit fut tranquille.

Le lendemain et les jours suivans, une commission militaire s'occupa de rechercher les auteurs de la révolte; plusieurs bourgeois prévenus furent arrêtés, et fusillés par suite de la condamnation, que cette commission prononça contre eux.

Quoique la rumeur fût apaisée dans l'intérieur de la ville de Hambourg, elle ne l'étoit pas dans les environs, et surtout à Haarbourg et autres lieux de la rive gauche de l'Elbe, qu'elle avoit également gagnés. Des malheureux fonctionnaires qui, en fuyant de Hambourg, étoient parvenus à passer ce fleuve, et à échapper à l'avidité des bateliers qui y croisoient en foule, dans le dessein de les piller, furent maltraités, sans égard pour le sexe ni pour l'âge, de la manière la plus barbare, et même immolés au ressentiment des séditieux. D'autres, surpris par ces croiseurs cruels, trouvèrent la mort au milieu des flots!... Malgré ces faits qui ne peuvent être révoqués en doute, le sieur de Haupt prétend qu'aucun fonctionnaire ne fut troublé dans les préparatifs qu'il fit pour sa fuite ; que le peuple, fidèle à ses devoirs de sujet et de citoyen, protégea l'enlèvement des caisses publiques; que pas un seul individu ne fut maltraité dans ce moment de crise ; et qu'enfin les propriétés particulières et celles du gouvernement furent respectées.

Il est vrai que plusieurs fonctionnaires sont parvenus à soustraire leurs effets au pillage de la populace, et à les sauver. De ce nombre est même le sieur d'Aubignosc, quoique depuis il ait demandé 40,000 fr. pour dédommagement des objets qu'il prétend avoir perdus par suite de l'insurrection. Il trouva le moyen de faire passer à Hanovre deux carrosses chargés de ses effets les plus précieux. Cet envoi précipité a été cause que quelques jours après, M[de] d'Aubignosc et M. d'Aubignosc père, escortés par l'officier de paix Barkmann (1),

(1) Le sieur d'Aubignosc, qui a constamment été en dispute avec toutes les autorités de Hambourg, voyant avec inquiétude

durent se contenter de la voiture très-incommode du coche de Hanovre, pour se rendre de Hambourg dans cette dernière ville. Un

---

que les commissaires de police étoient obligés d'avoir des relations d'affaires avec M. Abendroth, maire de Hambourg, provoqua la nomination de quatre officiers de paix, qu'il résolut de n'attacher qu'à la haute police exclusivement. Cet accroissement inutile d'un personnel déjà trop conséquent devint une nouvelle charge pour la caisse communale, et produisit si peu d'avantage, que dans les premiers temps le sieur d'Aubignosc étoit embarrassé de ne point avoir d'occupation à donner à ces nouveaux fonctionnaires. Cependant tout à coup cette irrésolution cessa : l'on parla avec mystère, dans les bureaux de la direction, d'une expédition importante qui devoit être le coup d'essai des officiers de paix. Après de grands préparatifs, ces agens, accompagnés chacun d'un certain nombre de gendarmes, de valets de police et d'espions, se portent dans les divers quartiers de la ville; le peuple alarmé suit d'un œil inquiet tous leurs mouvemens; mais il est bientôt rassuré en voyant que ce bruyant appareil n'a d'autre but que celui d'enlever quelques jeux insignifians. Effectivement, les officiers de paix firent main-basse en observant rigoureusement la formalité de la saisie des meubles, sur tous les jeux de loto, que l'on jouoit dans plusieurs caveaux et cabarets de la ville, avec l'autorisation écrite du maire, et à raison de 2 liards la carte.

Cette expédition par laquelle M. d'Aubignosc s'est arrogé le droit de censurer et de détruire de vive force, ainsi qu'avec éclat, l'effet de réglemens locaux de l'autorité administrative, et qui fut suivie de bien d'autres dans le même genre, prouve certainement combien il connoissoit peu les limites de ses attributions.

Cette vérité me rappelle que, parmi les arrêtés du directeur-général, rendus dans le même temps, il en est deux dont il suffit maître de poste sur la route, qui connoissoit Mde d'Aubignosc pour lui avoir souvent fourni ses chevaux, et qui la vit arriver dans cet humble équipage, ne put s'empêcher de manifester son étonnement de ce que cette dame, qui ordinairement étoit très difficile à satisfaire dans le nombre et dans la qualité des chevaux qui devoient conduire sa voiture, eût pu se résoudre à voyager d'une manière aussi peu commode. Le même maître de poste avoit vu passer, quelques jours auparavant, les carrosses chargés que le sieur d'Aubignosc avoit sauvés.

---

de citer le contenu pour donner une idée jusqu'à quel point l'ignorance le portoit à abuser de son autorité.

Le premier est relatif au costume des officiers de paix : celui que la loi détermine ne convenant point à M. d'Aubignosc, qui avoit décidé que dorénavant deux de ces agens le suivroient aux fêtes publiques, il le changea par un arrêté spécial, auquel il fit donner toute la publicité possible. Cet arrêté, en maintenant l'habit bleu, substituoit une riche broderie de branches d'olivier aux galons prescrits par la loi, des culottes blanches à celles rouges, et il supprimoit le baudrier en ordonnant que les officiers de paix de Hambourg porteroient une épée à poignée d'argent avec un ceinturon. Enfin, un dernier article de cet arrêté, qui a beaucoup amusé, ordonnoit que ces fonctionnaires porteroient l'écharpe tricolore, comme les commissaires de police.

Le second arrêté changea les dispositions prises par le ministre de la police générale, relativement aux taxes à payer par les filles publiques, et qui étoient fixées définitivement à trois francs par mois. M. d'Aubignosc ordonna que ces taxes seroient payées par classes, à raison de trois, six et même de douze francs. Son arrêté

Vers le milieu de mars 1813, Hambourg fut envahi par les troupes russes, sous les ordres du général Tettenborn. M. d'Aubignosc se sauva la veille de cette invasion, *après avoir fait brûler les papiers relatifs à ses fonctions!* .....

L'esprit de révolte et de licence qui avoit désolé Hambourg quelques semaines avant cette occupation, devint plus général dès que ses habitans se virent soutenus par des forces militaires; la haine qu'ils portoient à un gouvernement, dont la monstrueuse ambition

---

met tous les officiers de police à la disposition du dispensaire de santé, pour lui assurer le recouvrement de ces taxes excessives, et il porte en outre ces dispositions pénales : « Toutes filles ou femmes publiques qui n'auroit pas acquitté dans le délai prescrit les taxes auxquelles elles sont soumises, seront, pour la première fois, emprisonnées pendant vingt-quatre heures, la seconde fois pendant huit jours, et la troisième fois chassées de Hambourg. » Un autre article, en ordonnant aux officiers de police de procéder à ces mesures coërcitives, porte que tous ceux d'entr'eux qui s'y refuseroient, *seroient, nonobstant leur renvoi, arrêtés et emprisonnés!...* .

Je rendrai compte, dans un ouvrage plus détaillé, que je me propose de publier avec les pièces authentiques à l'appui, d'une foule d'autres faits, tous aussi arbitraires. Les énormes bénéfices que M. d'Aubignosc a su se procurer par la répression des monts-de-piété particuliers, par les primes que la loi accorde aux dénonciateurs de fraude, par le conseil spécial, par le comité d'expertise, etc. etc. etc., n'y seront pas oubliés!...

avoit anéanti leur unique ressource, se manifesta dans toute son étendue. Mourir plutôt que de se soumettre de nouveau à ce gouvernement tyrannique, telle fut la devise de tout Hambourgeois sans exception. Se détachant dès lors de tous les liens qui les unissoient à la France, ils prirent les armes pour défendre la cause de leur indépendance. Des légions armées se formèrent dans le sein de Hambourg, et l'on entreprit l'armement de la ville. Cet élan, par lequel toutefois Hambourg ne donna pas, comme le prétend le sieur de Haupt, l'exemple de l'enthousiasme auquel les peuples de l'Allemagne doivent la restauration de leur liberté, mais par lequel il suivit celui que la Prusse avoit tracé; cet élan, dis-je, occasionna des sacrifices considérables, et épuisa les dernières ressources de cette ville.

Cependant le moment qui devoit délier les Hambourgeois du serment de fidélité qu'ils avoient prêté au gouvernement français, n'étoit pas encore arrivé. Celui dont les immuables décrets régissent les destinées des peuples, avoit décidé que Hambourg seroit repris par les troupes françaises. Les Hambourgeois, soutenus par des corps russes et suédois, se défendirent contre ces troupes, et leur opposèrent une vive résistance; mais leurs efforts furent inutiles : les Français commandés par le maréchal Davoust, réoccupèrent la ville.

Les Hambourgeois frappés d'une terreur panique, née de la conviction intime qu'ils avoient d'avoir encouru une punition exemplaire, par leur conduite irréfléchie, imprudente, et même coupable, étoient dans l'anxiété et la consternation. Une foule d'entre eux chercha son salut dans une fuite précipitée; d'autres se cachèrent; enfin, Hambourg, redoutant le sort réservé aux villes rebelles, n'offroit que des rues absolument désertes, et des maisons dont toutes les issues étoient soigneusement fermées....

Cependant le maréchal Davoust ne profita pas de ce moment de stupeur, pour faire éprouver à Hambourg les effets de l'inimitié et de la vengeance que lui prête l'écrit du sieur de Haupt, lequel va jusqu'à chercher des preuves de son opinion dans quelques obus qui ont été tirés sur la ville, au moment où elle se défendoit.

Les premières mesures qu'ordonna le maréchal, ne furent que celles que commandoient la prudence et la sûreté de ses troupes. Le nouveau débordement d'une population de plus de cent vingt mille habitans ; qui s'étoit déclarée solennellement l'ennemi irréconciliable de la France, étoit plus à redouter que les armées qui menaçoient la place au dehors.... Cette population fut désarmée.

Hambourg, dont l'armement avoit été commencé pendant l'occupation des Russes, fut déclaré définitivement place de guerre, par un décret impérial. L'immensité de l'enceinte de cette place, le grand nombre de forces qui eût été nécessaire pour sa défense, joints à la proximité d'une ville danoise, en nécessitant des ouvrages étendus, rendoient difficile l'exécution des ordres du gouvernement. A ces difficultés se joignit encore l'obstacle de la mauvaise volonté des habitans qui refusèrent de travailler aux fortifications, moyennant salaire. Il n'y avoit pas de temps à perdre, et l'on força les récalcitrans à faire, à titre de corvées, ce qu'ils avoient refusé à la douceur.

Enfin, un décret impérial du 16 juillet 1813 décida du sort des Hambourgeois. Les chefs des différentes insurrections dont cette ville avoit été le théâtre, et ceux qui, par leurs écrits, les avoient provoquées, furent bannis du territoire français ; amnistie générale fut accordée aux autres habitans, mais ils furent frappés d'une imposition de quarante-huit millions. Cette imposition donna lieu à des émigrations considérables.

Tout ce que l'auteur de la brochure intitulée : *Hambourg et le maréchal Davoust*, dit tant des réquisitions de bois, goudron, fer, et autres matériaux nécessaires à la construction des fortifications, que de la destruction des promenades, et la démolition des bâtimens qui entouroient Hambourg, ne sont que les malheureuses et tristes conséquences de la position d'une place qui est à la veille d'être assiégée, et surtout, d'une place obligée de se fortifier et d'étendre utilement ses remparts. Il en est de même de l'enlèvement des vivres et du bétail qui se trouvoient dans les villages environnans, de l'ordre donné aux habitans de pourvoir à leur approvisionnement, et de celui aussi qui forçoit à abandonner la ville ceux qui, soit par mauvaise volonté, soit par défaut de moyens, n'avoient pas réalisé cet approvisionnement dans le délai prescrit.

Il y a lieu de s'étonner de ce que le sieur de Haupt puisse ignorer cette pénible vérité; et qu'en sa qualité d'ancien officier, il ne connoisse pas mieux les maux inséparables des détails d'un siége. Qu'il jette les yeux sur une vingtaine de forteresses de l'intérieur de la France, qui, depuis le 1er janvier de cette année, ont partagé le même sort. Toutes ont supporté, avec résignation et héroïsme, les malheurs incalculables qui les accabloient. Qu'il porte ses pas vers Soissons, Château-Thierry, Reims, Châlons, Sens, Troyes, et une foule d'autres villes des contrées les plus fertiles de cette belle France; c'est là, et surtout dans les villages environnans, qu'il verra les traces profondes des horreurs et de la dévastation que la guerre amène toujours. A cette vue, s'il est susceptible d'impartialité, il conviendra que les souffrances de Hambourg sont loin d'approcher des scènes de terreur et de désolation dont ces malheureuses contrées, et des milliers de familles, ont été les victimes!.....

En peignant avec des couleurs monstrueuses l'approvisionnement que le maréchal Davoust a jugé à propos d'ordonner pour sa maison, le sieur de Haupt s'exhale en reproches de ce que les cris et les beuglemens des bestiaux auroient interrompu le sommeil de quelques voisins. Certes, on ne sauroit être plus minutieux dans ses relations!.... Mais, pourquoi ne pas faire connoître avec la même exactitude quelle a été la destination ultérieure de ce bétail?.... La relation suivante répond à cette question :

Un parc particulier, destiné pour la maison de M. le maréchal, avoit été établi dans un lieu isolé de la ville (*au Kalkofen*). Les bestiaux qui composoient ce parc avoient tous été payés comptant, et ne provenoient aucunement de l'enlèvement fait dans les communes des alentours de la place. Ce parc existoit encore lorsque, dans les derniers temps, Hambourg éprouva un manque total de viandes fraîches qui pesa particulièrement sur les hospices. Le maréchal, informé de ce fait, ordonna aussitôt que tout son parc fût, dès lors, consacré uniquement aux besoins des militaires malades; et se privant ainsi lui-même de cette ressource, il fut un des premiers qui mangea de la chair de cheval. Ses soins paternels pour les militaires qu'il commandoit, ne se bornèrent point à ce seul sacrifice, qui suffiroit pour faire l'éloge de son cœur. Parmi les nombreuses marques de sa sollicitude, il en est une trop intéressante pour que je puisse la passer sous silence : c'est l'attention qu'il eut de procurer aux convalescens le moyen de se distraire, ordonné par les médecins, en prenant à bail, pour eux exclusivement, et à son compte particulier, tous les jeux de quilles qui se trouvoient à Hambourg!.... En général, qu'on entende tous les militaires qui ont fait partie de la garnison de cette place : il n'y a qu'une voix parmi eux, officiers et soldats; tous ont été régulièrement payés pendant toute la durée du siége, et tous ont reçu des vivres sains et abondans...... Il n'en est pas un qui ne se loue et ne se glorifie d'avoir servi sous de semblables ordres; pas un qui ne bénisse comme son bienfaiteur, un général dont les hautes vertus retracent toutes les qualités qui, jadis, firent distinguer et chérir le héros Bayard.

M. le maréchal Davoust saura rendre compte à qui il appartiendra des puissans motifs qui l'ont engagé à faire enlever la banque de Hambourg, seul objet dont je n'aie point parlé. Le dévouement pur et désintéressé qui ennoblit tous les signes de son zèle, de ce zèle dont il a donné des preuves aussi multipliées que non équivoques, est le garant le plus certain qu'il n'a agi dans cette circonstance, que pour l'intérêt de son souverain, et en vertu d'ordres suprêmes.

Vérité! patriotisme! vous seuls avez guidé

ma plume dans une cause qui est celle de tout brave et loyal militaire!.... Vous avez présidé à l'esquisse simple et fidèle que je viens de tracer des principaux événemens qui ont agité Hambourg depuis le 18 décembre 1810..... Vous ne souffrirez jamais qu'on ravisse au maréchal Davoust le nom illustre qu'il s'est acquis dans l'histoire de France, et qu'il va éterniser, en devenant un des plus fidèles appuis du trône de saint Louis. C'est en vain que l'envie cherchera à lancer ses traits envenimés contre lui. Votre feu céleste brillera toujours, et toujours le maréchal Davoust sera, pour la France, un autre chevalier sans peur et sans reproche.

FIN.

www.ingramcontent.com/pod-product-compliance
Ingram Content Group UK Ltd.
Pitfield, Milton Keynes, MK11 3LW, UK
UKHW020453230726
13925UKWH00005B/1919